Impressum

Aus der Reihe „Schau, so geht das!“

6. Auflage 2010

Illustrationen: Detlef Kersten
Coverfoto: Christoph Schmotz
Experimente-Fotos: Christoph Schmotz (9, 11, 13, 15, 17, 19, 21, 23, 25, 27, 29, 31, 33, 35, 37, 39, 41, 43, 45)
sonstige Fotos: Dietmar Beyer (22); Stephanie Fihn (8, 44); Christoph Schmotz (12, 26, 38); istockphoto (28, 36, 40); Ulrike Berger (18); stock.xchng (10, 14, 16, 20, 30, 32, 34, 42); www.istockphoto.com/Morley Read (24)

Text und Redaktion: Ulrike Berger
Layout: Anja Schmidt, AS Design
Druck und Bindung: Himmer AG, Ausgburg

ISBN 978-3-8411-0027-6
Art.-Nr. VB110027

velber
kinderbuch

Die Wald-Werkstatt

Spannende Experimente in der Natur

Inhalt

Die Wunder im Wald

Hier warten viele spannende Experimente auf euch, die ihr im Wald oder auf der Wiese durchführen könnt. Einige Experimente sind sogar richtige „Überlebens"-Tipps. Denn ihr lernt zum Beispiel, die Natur als Kompass zu nutzen oder ohne Kochtopf zu kochen! Manche Experimente könnt ihr alleine durchführen, andere gehen leichter, wenn euch jemand hilft. Und falls ein Experiment nicht sofort gelingt: Nicht den Mut verlieren! Einfach probieren, bis es klappt. Forscher brauchen Geduld. Doch es lohnt sich, denn bei jedem Experiment werdet ihr ein wenig mehr von den großen Wundern dieser Welt verstehen!

Löwenzahn mit Locken

Du brauchst:

- einen Stängel Löwenzahn
- ein Glas mit Wasser

Schneide den Stängel eines Löwenzahns kreuzweise ein, so weit hoch wie möglich! Dann stellst du den Stängel in ein Wasserglas.

Was passiert?

Die Zellen innen im Stängel saugen sich schneller mit Wasser voll als die Zellen am Rand. Dadurch werden sie größer, brauchen mehr Platz – und der Stängel kringelt sich!

Warum wellt sich Papier, wenn es nass wird?

Papier besteht aus vielen feinen Holzfasern. Wenn es feucht wird, quellen diese Fasern auf. Dadurch brauchen sie mehr Platz. Und schon wellt sich der feuchte Bereich des Papiers.

Die Natur als Kompass

Du brauchst:

- eine Uhr mit Zifferblatt

Halte die Uhr so, dass der kleine Stundenzeiger zur Sonne zeigt. Genau die Mitte zwischen „12 Uhr“ und dem Stundenzeiger zeigt nach Süden. Achtung! Zur Sommerzeit musst du deine Uhr eine Stunde zurückdrehen!

Was passiert?

Um 12 Uhr mittags steht die Sonne im Süden am höchsten Punkt. Deswegen zeigt der kleine Zeiger um 12 Uhr genau nach Süden. Dann wandert die Sonne „rechts herum“ nach unten weiter. Und das kannst du mit der Uhr verfolgen!

Uhren im Uhrzeigersinn

Früher betrachteten die Menschen den Lauf der Sonne und bestimmten danach die Tageszeit. Diesen Lauf der Sonne bilden Uhren ab – sie laufen „rechts herum“ im Uhrzeiger-Sonnen-Sinn! Und deswegen kannst du die Uhr als Kompass verwenden.

Süden
Sonne
12 Uhr

Wald-Gärtnerei

Du brauchst:

- Eicheln
- einen Blumentopf mit Erde

Sammle einige Eicheln und lege sie über Nacht ins Wasser. Am nächsten Morgen setzt du sie in einen Blumentopf mit frischer Erde und stellst den Topf an einen warmen, dunklen Ort. Die Erde soll immer feucht bleiben.

Was passiert?

Schon nach kurzer Zeit zeigen sich die ersten Triebe. Stelle den Topf jetzt auf eine sonnige Fensterbank. So züchtest du deine eigenen Eichen.

Die Königin der Bäume

Eichen können über tausend Jahre alt werden! Eine ausgewachsene Eiche wirft im Jahr ungefähr 70 000 Eicheln ab. Auf die ersten Blüten deiner eigenen Eiche wirst du allerdings lange warten müssen. Eichen blühen erst nach etwa 50 Jahren.

Kochen ohne Kochtopf

Du brauchst:
- ein Teelicht
- zwei Schachteln Streichhölzer
- Tesafilm

Beklebe eine leere Streichholz-schachtel-Schublade mit Tesafilm. So wird sie wasserdicht. Zwei leere Schachteln stellst du rechts und links neben das Teelicht. Die abgedichtete Schublade kommt obendrauf. Gieße etwas Wasser hinein und zünde das Teelicht an.

Was passiert?

Nach einiger Zeit beginnt das Wasser zu sieden! Das Papier verbrennt dabei nicht. Aber Vorsicht! Sobald das Wasser verdampft ist, wird die Pappe trocken und kann brennen. Bitte macht den Versuch daher nur zusammen mit einem Erwachsenen!

Wasser als Kühlmittel

Wasser verdampft ab 100 Grad. Papier fängt erst bei ungefähr 300 Grad an zu brennen. Solange also noch Wasser in der Pappe ist, kann sie daher nicht brennen. Mit Wasser als Kühlmittel arbeiten auch Kernkraftwerke!

Die Becherlupe

Du brauchst:
- einen Plastikbecher
- Frischhaltefolie
- Klebeband oder Gummiring

Befestige Frischhaltefolie straff über der Öffnung eines Plastikbechers. Schneide seitlich in den Becher ein Loch. Hier kannst du Erde oder etwas Pfützenwasser hineinfüllen. Zum Schluss gibst du einen Tropfen Wasser oben auf die Folie.

Was passiert?
Durch den Wassertropfen siehst du alles vergrößert – eine Becherlupe!

Warum gibt es Wassertropfen?

Hast du dir schon einmal überlegt, warum Wasser überhaupt Tropfen bildet? Das liegt daran, dass sich die einzelnen Wasserteilchen am liebsten ganz eng zusammendrücken. Am dichtesten können sie zusammenrücken, wenn sie eine Kugel formen – den Wassertropfen!

Wie hoch ist der Baum?

Du brauchst:

- einen Stock, der so lang ist wie dein Arm

Halte den Stock senkrecht und gucke über die Stockspitze. Dann gehst du so lange vor oder zurück, bis die Spitze des Baums genau an der Stockspitze zu sehen ist. Markiere den Punkt, an dem du stehst.

Was passiert?

Du kannst nun den Abstand zwischen dir und dem Baum messen. Der Wert entspricht ziemlich genau der Höhe des Baums!

„Pi mal Daumen"

Kennst du den Ausdruck „Pi mal Daumen"? Er stammt aus einer Messmethode, bei der Entfernungen oder Höhen „über den Daumen" gepeilt werden. Und die Ergebnisse dieser Daumen-Peilungen liegen dem genau gemessenen Endergebnis sehr nahe!

Ein Wetterprophet

Du brauchst:

- einen Kiefernzapfen
- ein Holzstäbchen
- Pappe und Holzbrettchen
- Buntstifte

Stelle den Zapfen auf das Brett. Befestige dahinter die Pappe. Bringe das Holzstäbchen an einem Samenblatt im Zapfen an und stelle das Ganze nach draußen. Markiere die Stelle, auf die das Stäbchen zeigt.

Was passiert?

Bei hoher Luftfeuchtigkeit oder Regen zeigt das Stäbchen nach oben. Bei Sonne und Trockenheit nach unten.

Das sichere Zuhause

Unter den Schuppen sitzen die Samen, die – bis sie reif sind – vor Regen und Sturm geschützt werden müssen. Sie brauchen jedoch Sonne und Wärme, um zu reifen. Wenn schlechtes Wetter droht, schließt der Zapfen daher seine Schuppen, ist gutes Wetter in Aussicht, öffnen sie sich.

Das Orangen-Grill-Ei

Du brauchst:

- eine Orange oder eine Grapefruit

Schneide eine Orange in zwei Hälften und höhle eine Hälfte etwas aus. Schlage das Ei auf und schütte es in die Schale. Dann stellst du diese Orangen-Pfanne in die Glut.

Was passiert?

Die Hitze der Glut dringt durch die Schale zum Ei durch. Da in der Schale viel Flüssigkeit ist, ist das Ei fertig, bevor die Schale verbrennt! Und das Ei brennt nie an.

Babykostwärmer

Hast du jüngere Geschwister? Dann kennst du vielleicht die Flaschenwärmer. Das Wasser darin wird erhitzt und leitet die Wärme an die Nahrung weiter. Durch den Schutz des Wassers brennt die Nahrung nie an!

Eine Ameisenspur

Du brauchst:
- einen Apfel
- ein Blatt Papier

Lege einen Apfel in die Nähe eines Ameisenhaufens. Wenn die Ameisen eine Straße zum Apfel gebildet haben, legst du ein Papier auf die Straße. Laufen die Ameisen darüber? Markiere die Straße … und drehe das Papier um, sodass die Straße genau andersherum verläuft.

Was passiert?
Ameisen folgen immer der gleichen Straße zwischen ihrem Haufen und der Nahrung. Diese Straßen sind mit Duftstoffen markiert, die genau die Richtung anzeigen. Drehst du das Papier um, sind die Ameisen verwirrt. Denn die Straße hat einen falschen Wegweiser!

Wanderameisen

Wanderameisen sind räuberisch lebende Insekten. Sie bauen nur nachts ein Nest. Tagsüber ziehen sie zu Tausenden hintereinander auf Nahrungssuche. Dabei laufen sie über alles hinweg. Sie wandern auch durch ein Zelt, das in ihrem Weg steht!

Blick von unten

Du brauchst:

- eine Glasplatte, eine Glasschüssel oder einen Bilderrahmen
- eine Schnecke mit Häuschen

Setze die Schnecke auf das Glas und beobachte sie von unten.

Was passiert?

Nach kurzer Zeit kriecht sie kreuz und quer und eh du dichs versiehst, will sie über den Rand auf und davon. Dort, wo Schnecken entlanggekrochen sind, hinterlassen sie eine Schleimspur, den Sohlenschleim.

Auf einem Fuß

Schnecken haben auf der Unterseite ein Kriechorgan, den Fuß. Am vorderen Ende des Fußes erkennt man den Kopf mit den Fühlern. Manche Schnecken haben vier Fühler, die größeren beiden tragen die Augen. Andere haben nur zwei Fühler, die Augen sitzen dann unten an den Fühlern. Die Mundöffnung mit der Raspelzunge liegt unter dem Kopf.

Malen mit Erde

Du brauchst:

- Erde von verschiedenen Stellen
- Tapetenkleister
- eine Plastiktüte
- Becher und Pinsel

Knete die Erde in der Tüte gut durch. Wenn sie zu trocken ist, füge noch Wasser hinzu. Dann füllst du sie in einen Becher und mischst sie mit Kleister. Viel Spaß beim Malen!

Was passiert?

Erde ist immer eine Mischung aus verschiedenen Bestandteilen, zum Beispiel verschiedenen Mineralien. Sie geben dem Boden die unterschiedlichen Farben.

Höhlenmalerei

Schon unsere Vorfahren in der Steinzeit bemalten die Wände ihrer Felshöhlen mit Erdfarben. Manche dieser Kunstwerke sind über 10 000 Jahre alt. Und die Farben sind noch immer zu sehen!

Ein Kastanien-Flugball

Du brauchst:

- eine Kastanie
- Krepppapier
- Klebstoff

Bohre ein Loch in die helle Seite der Kastanie. Lass dir dabei helfen! Dann schneidest du Krepppapier in Streifen, zwirbelst das Papier an einem Ende zusammen und klebst es in das Loch.

Was passiert?

Wirf die Kastanie durch die Luft – durch die Kreppbänder hast du einen erstaunlich ruhig fliegenden Flugball!

Pfeile mit Schaft

Hast du schon einmal überlegt, warum Pfeile so lang sind? Eigentlich könnte man gleich nur die Spitze schleudern, das wäre doch leichter? Nein, der lange Schaft mit dem gefiederten Ende sorgt für einen stabileren und damit zielgenaueren Flug.

Lila mit rosa Tupfen

Du brauchst:
- eine lila Blume
- einen Ameisenhaufen

Halte die Blume so über einen Ameisenhaufen, dass die Ameisen sie gerade nicht erreichen können. Bewege sie hin und her.

Was passiert?
Die Ameisen spucken nach der Blüte, weil sie sich angegriffen fühlen. Wenn du nachher die Blüte genauer betrachtest, sind einige Stellen heller, beinahe rosa! Die Spucke der Ameisen, Ameisensäure, verändert die lila Farbe.

Ameisen statt Salz

Im Winter wird Ameisensäure oft auf Flughäfen eingesetzt, um die Flugzeuge und Landebahnen zu enteisen. Denn Salz, wie wir das von Straßen kennen, würde zum Verrosten der Flugzeuge führen. Die benötigte Ameisensäure wird industriell erzeugt und stammt nicht von Ameisen.

Rindenbilder

Du brauchst:
- Papier
- Wachsmalkreide
- Pinnwand-Nadeln

Hefte das Papier an die Rinde. Dann rubbelst du mit der breiten Seite der Kreide über das Papier.

Was passiert?
Du erhältst einen Abdruck der Rinde auf dem Papier. Jeder Baum sieht anders aus! Wenn du möchtest, kannst du eine Sammlung von Rindenbildern anlegen. Dann legst du am besten zu jedem Rindenbild noch ein getrocknetes Blatt dazu.

Warum ist Rinde rau?

Ein Baum wächst nur an der Spitze in die Höhe. Der Stamm selbst wächst von innen nach außen in die Breite. Dabei platzt die äußere Schicht auf und bildet eine raue Rinde. Bei schnell wachsenden Bäumen, zum Beispiel Fichten, ist sie besonders rau. Hier hat die Rinde kaum Zeit sich zu dehnen, platzt auf und ist daher rauer.

Ein Sonnen-Ofen

Du brauchst:

- Alufolie
- eine Kartoffel
- einen Brotkorb
- einen Holzstab

Umwickle den Brotkorb und den Stab mit der Folie. Versuche dabei, die Folie möglichst wenig zu zerknittern! In der Mitte des Korbs befestigst du den Stab mit der Kartoffel und stellst das Ganze in die Sonne.

Was passiert?

Der Alu-Korb wirkt wie ein großer Spiegel. Die Hitze der Sonne wirkt genau auf die Kartoffel. Wenn du deinen Solarofen einige Stunden immer nach der Sonne drehst, wird deine Kartoffel gar. Wende die Kartoffel, wenn sie hinten dunkel wird!

Die Olympische Flamme

Einige Monate vor den Olympischen Spielen wird in Griechenland die Olympische Flamme angezündet. Dazu wird kein Feuerzeug, sondern ein Hohlspiegel verwendet! Allein die Kraft der Sonne entzündet die berühmte Fackel.

Leben unter Steinen

Du brauchst:
- eine Glasplatte (z. B. Bilderrahmen)
- einen großen oder mehrere kleine Steine

Lege die Glasplatte an eine feuchte Stelle. Bedecke sie mit einem großen Stein oder einer Holzplatte und kleinen Steinen.

Was passiert?

Nach einigen Tagen kannst du die Steine entfernen. Lass die Glasplatte liegen! So kannst du die Tiere beobachten, die unter Steinen leben, ohne dass du ihren Lebensraum durch das Anheben eines Steins zerstörst.

Schattenbewohner: Asseln

Häufige Bewohner einer „Unter-Stein-Behausung“ sind Asseln. Sie brauchen einen feuchten Lebensraum, da sie mit Kiemen atmen. Asseln ernähren sich von Laub und totem Holz.

Grashalmfiepen

Du brauchst:
- einen harten Grashalm

Spanne einen Grashalm zwischen beide Daumen. Lass dir dabei helfen, damit er stramm sitzt! Dann bläst du in den Spalt zwischen den Daumen.

Was passiert?
Mit etwas Übung beginnt der Grashalm zu vibrieren und ein lautes Geräusch ertönt!

Das lästige Schnarchen

Fühle mit deiner Zunge an den hinteren oberen Teil deines Gaumens. Dort ist der Gaumen weich. Beim Schnarchen flattert dieses „Gaumensegel". Und so entsteht das Schnarchgeräusch.

Pilz-Bilder

Du brauchst:
- frische Pilze
- Papier und Schüssel
- Gartenhandschuhe

Schneide von einem ungiftigen Pilz den Stängel und den unteren Teil vom Hut ab. Lege den Pilz auf weißes Papier und bedecke ihn über Nacht an einem warmen Platz mit einer Schüssel. Am nächsten Morgen kannst du unter den Pilz schauen.

Was passiert?
Pilze vermehren sich durch Sporen. Diese sind an der Unterseite des Pilzes im braunen Bereich. An einem warmen Ort fallen sie heraus – daher das Muster auf dem Papier.
Achtung! Fasse Waldpilze nur mit Handschuhen an!

Der rot-weiße Fliegenpilz

Der Name „Fliegenpilz“ geht darauf zurück, dass man früher mit diesem giftigen Pilz Fliegen fing. Der Pilz wurde in kleine Stücke geschnitten und in Milch gelegt. Fliegen, die davon tranken, starben nach einiger Zeit.

Fackeln selbst gemacht

Du brauchst:
- alte Kartoffel- oder Jutesäcke
- Wachsreste
- einen alten Kochtopf
- dicke Alufolie
- Paketschnur
- Stöcke und Arbeitshandschuhe

Überziehe den Tisch mit Alufolie. Die Wachsreste lässt du im Topf schmelzen. Dann schneidest du aus den Säcken Streifen von 8 cm Breite. Ab jetzt nur mit Handschuhen arbeiten! Den Stoffstreifen tauchst du in den Topf, rührst mit einem Stock um und legst den Stoff auf die Alufolie. Dann umwickelst du einen anderen Stock mit dem Streifen und bindest alles fest. Lass dir bei diesem Versuch unbedingt helfen.

Was passiert?

Der Jutestoff ist wie der Docht einer Kerze. Wenn du die Fackel oben anzündest, brennt sie klasse!

Der Docht in der Kerze

Kerzen ohne Docht kannst du nicht anzünden. Der Docht alleine brennt aber auch nur kurz. Erst wenn genügend Wachs vorhanden ist, leuchet die Kerze richtig.

Schau so geht das!

In der Reihe „Schau, so geht das!“
sind bereits folgende Titel erschienen:

Die Klima-Werkstatt
Spannende Experimente
rund um Klima und Wetter

ISBN 978-3-8411-0008-5

Die Licht-Werkstatt
Spannende Experimente
rund um Licht und Farben

ISBN 978-3-8411-0029-0

Die Wasser-Werkstatt
Spannende Experimente
rund um Eis und Wasser

ISBN 978-3-8411-0006-1

Die Elektro-Werkstatt
Spannende Experimente
mit Magneten und Strom

ISBN 978-3-8411-0010-8

Die Luft-Werkstatt
Spannende Experimente
mit Atem, Luft und Wind

ISBN 978-3-8411-0025-2

Die Pflanzen-Werkstatt
Spannende Experimente
auf Balkon und Fensterbank

ISBN 978-3-8411-0028-3

Die Chemie-Werkstatt
Spannende Experimente
ganz ohne Labor

ISBN 978-3-8411-0002-3

Die Farben-Werkstatt
Spannende Experimente
rund ums Färben

ISBN 978-3-86613-577-2

Die Papier-Werkstatt
Spannende Experimente
mit Papier und Pappe

ISBN 978-3-86613-580-2

Die Nacht-Werkstatt
Spannende Experimente
mit Dunkelheit und Licht

ISBN 978-3-86613-587-1